Michaela Bergmann

Business Process Modeling Language (BPML) – Ein neuer Weg für die Enwicklung zum
prozessorientierten Unternehmen

GRIN - Verlag für akademische Texte

Der GRIN Verlag mit Sitz in München hat sich seit der Gründung im Jahr 1998 auf die Veröffentlichung akademischer Texte spezialisiert.

Die Verlagswebseite www.grin.com ist für Studenten, Hochschullehrer und andere Akademiker die ideale Plattform, ihre Fachtexte, Studienarbeiten, Abschlussarbeiten oder Dissertationen einem breiten Publikum zu präsentieren.

Dokument Nr. V29111 aus dem GRIN Verlagsprogramm

Michaela Bergmann

Business Process Modeling Language (BPML) – Ein neuer Weg für die Enwicklung zum prozessorientierten Unternehmen

GRIN Verlag

Bibliografische Information der Deutschen Nationalbibliothek: Die Deutsche Bibliothek
verzeichnet diese Publikation in der Deutschen Nationalbibliografie; detaillierte bibliografische Daten sind im Internet über http://dnb.d-nb.de/ abrufbar.

1. Auflage 2004
Copyright © 2004 GRIN Verlag
http://www.grin.com/
Druck und Bindung: Books on Demand GmbH, Norderstedt Germany
ISBN 978-3-638-65014-4

Ravensburg

Business Process Modeling Language (BPML) –
Ein neuer Weg für die Entwicklung
zum prozessorientierten Unternehmen

Studienarbeit

für die

Prüfung zur

Diplom-Wirtschaftsinformatikerin

(Berufsakademie)

im

Studienbereich Wirtschaft

im Studiengang Wirtschaftsinformatik

an der

Berufsakademie

- Staatliche Studienakademie -

Ravensburg

Verfasserin: Michaela Bergmann

Abgabedatum: 19. März 2004

Inhaltsverzeichnis

Abkürzungsverzeichnis

BPEL4WS	: Business Process Execution Language for Web Services
BPM	: Business Process Modeling; öfters auch Business Process Management
BPMI	: Business Process Management Initiative
BPML	: Business Process Modeling Language
BPMS	: Business Process Management System
BPMN	: Business Process Modeling Notation
CRM	: Customer Relationship Management
DTD	: Document Type Definition
EAI	: Enterprise Application Integration
HTML	: Hypertext Markup Language
HTTP	: Hypertext transfer Protocol
IPX / SPX	: Inter Packed Exchange / Sequenzed Packed Exchange
IT	: Information Technology
J2EE	: Java 2 Enterprise Edition
SGL	: Standard Generalized Markup Language
SQL	: Standard Query Language
TCP / IP	: Transfer Control Protocol / Internet Protocol
WSFL	: Web Services Flow Language
XLANG	: Extensible Language
XML	: Extensible Markup Language

Abbildungsverzeichnis

1 Einleitung

Frederic Winslow Taylor (1900) und Adam Smith (1790) schufen höhere Produktivität durch Arbeitsteilung und durch das Funktionsmeisterprinzip. Bei diesem Prinzip werden einzelne Produktionsschritte von Funktionsmeistern gesteuert, d.h. es gibt für jeden Arbeitsbereich einen eigenen Meister. Z.B. für die Planung, Steuerung, Produktion und Qualität. Ein nennenswerter Vorteil, der hierdurch entstand war, dass die Qualität enorm hoch war, da einzelne Mitarbeiter immer den gleichen Arbeitsschritt ausführten und somit von Zeit zu Zeit u.a. die gleiche Qualität in kürzerer Zeit herstellten. Ein großes Problem, das sich hierbei aber immer mehr abzeichnete war, dass bei Problemen nicht unbedingt schnell gehandelt werden konnte, da man über mehrere Ebenen „kommunizieren" musste.

Durch Toyota wurde 1990 der Begriff des Lean Managements geprägt. Hierbei lag der Fokus nicht mehr auf einzelnen Funktionen, sondern auf dem gesamten Prozess. Es wurde festgestellt, dass die beste Prozesseffizienz durch Integration von Funktionen, am besten in einer Person, erreicht wird. So liegt jetzt z.B. die Qualitätssicherung nicht mehr bei einem Funktionsmeister der Qualitätssicherung am Ende eines Prozesses, sondern wird ständig von jedem Mitarbeiter selbst durchgeführt (man spricht hierbei von der so genannten Selbstkontrolle).

Welche revolutionären Änderungen, dieser Wandel von der Funktionsorientierung zur Prozessorientierung bewirkt hat, welche neuen Möglichkeiten, Tools, etc. es für die Prozessorientierung gibt, soll die folgende Studienarbeit aufzeigen.

Zuerst werden zum besseren Verständnis grundlegende Fragen erläutert, wie z.B. was einen Geschäftsprozess charakterisiert, was Geschäftsprozessmanagement bedeutet und warum Prozessorientierung für manche Unternehmen besser ist als Funktionsorientierung. Nach einer kurzen Aufführung und Erläuterung allgemeiner Standards, die zur Beschreibung von Geschäftsprozessen momentan verwendet werden, schildert das weitere Kapitel die Hauptmerkmale, Integration und Ziele von BPML. BPML stellt eine Sprache dar, die von der BPMI Organisation neu, zur Modellierung von Geschäftsprozessen, entwickelt wurde. Abschließend wird ein Ausblick auf die Möglichkeiten von BPML und die damit vorhandene Evolution in der Informatik gegeben.

2 Business Process Management (BPM)

Heutzutage findet man in Unternehmen eine Vielzahl von verschieden Geschäftsprozessen. Die Prozesslandschaft ist heute komplexer denn je, dynamisch und nur schwer zu beherrschen. Damit die große Anzahl von Geschäftsprozessen bestmöglich durch Informationstechnologie unterstützt, die Anforderungen an Interoperabilität und Performance gewährleistet und gleichzeitig Kosten gesenkt werden, bedarf es eines neuen Lösungsansatzes. Dieser neue Lösungsansatz, ebenso wie die dafür unterstützenden Tools und Architekturen, müssen den eben genannten Anforderungen gewachsen sein. Business Process Management (BPM), auch Geschäftsprozessmanagement genannt, stellt einen solchen Ansatz dar.

2.1 Charakterisierung Geschäftsprozesse

Von einem Geschäftsprozess spricht man, wenn es sich um die Definition der Aktivitäten, die zur Erfüllung einer Geschäftsanforderung, unabhängig von Benutzer, Architektur oder System notwendig sind, handelt. Der Charakter von Geschäftsprozessen lässt sich durch folgende Hauptmerkmale beschreiben[1]. Geschäftsprozesse sind:

> ➢ Groß und komplex (beinhalten Materialflüsse, Informationen usw.)

> ➢ Sehr dynamisch (reagieren auf die Anforderungen des Kunden und der sich ändernden Marktverhältnisse)

> ➢ Weit verbreitet und über die Grenzen eines Unternehmens und einer Funktion hinweg betreut

> ➢ Innerhalb und zwischen Betrieben (meist umfassen sie viele Anwendungen mit sehr unterschiedlichen technologischen Plattformen)

> ➢ Langzeit betrieben (es kann passieren, dass Geschäftsprozesse Monate oder sogar Jahre laufen)

> ➢ Von dem Verständnis und dem Verstand der Menschen abhängig (Menschen führen Tasks aus, die zu unstrukturiert sind, um sie einem Computer zu übertragen, oder die eine Zusammenarbeit mit dem Kunden erfordern)

> ➢ Schwer „sichtbar" bzw. verständlich zu machen. (In vielen Unternehmen sind Prozesse nicht bewusst oder erkennbar, undokumentiert und meist implizit in Arbeitsanweisungen beschrieben.)

---

1) vgl. **Smith, Howard; Neal, Douglas, u.a. (Januar 2002):** The Emergence of Business Process Management, A Report by CSC'S Research Services, Version 1, S.7.

2.2 Charakterisierung Geschäftsprozessmanagement (BPM)

BPM stellt die Fähigkeit dar, Prozesse durchgehend zu entdecken, zu planen, auszuführen, zu betreiben, zu optimieren und zu analysieren. Dies geschieht meist nicht durch technische Werkzeuge.

BPM erfordert die Beherrschung von acht Kernfähigkeiten[2].

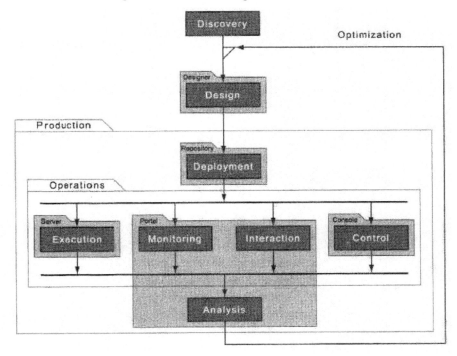

Abb.1: Lebenszyklus eines Prozesses

Quelle: Smith / Fingar, 2003, S.90

2.2.1 Discovery (Entwicklung)

Hierbei geht es darum, sich genau bewusst zu werden, welche Dinge bisher, unter Berücksichtigung der Gesichtspunkte aller Prozessteilnehmer, getan wurden.

Die Geschäftsprozesse – Ereignisabläufe, Informationsflüsse und Kontrollflüsse – werden in einem maschinenlesbaren Format festgehalten.

Discovery beinhaltet auch die Beschreibung der Aktivitäten, die ausgeführt werden müssen, um Prozesse zu verändern, die in Arbeitsmodellen mit eingeschlossen oder in Methoden tief verwurzelt sind und sie explizit zu einem digitalen Vermögensposten zu machen. Discovery läuft entweder größtenteils manuell ab (eine menschliche Arbeit ist zum Beispiel die intensive Kraftaufwendung, die benötigt wird um den Geschäftsbetrieb abzubilden.) oder größtenteils automatisiert (eigenständige Beobachtung des Codes innerhalb eines Altsystems). Alternativ ist eine Mischung aus beidem möglich.

---

2)   vgl. im folgenden **Smith, Howard; Fingar, Peter (2003):** Business Process Management: The Third Wave., 1.Aufl., Tampa (Meghan-Kiffer Press), S.90-94.

Zusätzlich werden auch Analysen der vorhandenen Ablauforganisation und der rechtlichen Belange (Grundsätze der ordentlichen Buchführung ISO 9000 etc.) durchgeführt. Hierbei ergibt sich ein deutliches Bild darüber, wie die Geschäftsprozesse intern und extern funktionieren (sollen). Das Verständnis der Systeme und der Ereignisse im Unternehmen werden vereinheitlicht und bindet Kunden, Lieferanten und Geschäftspartner in die Prozessplanung ein.

2.2.2 Design (Planung)

Bei dem Design findet die ausführliche Planung, Modellierung, Handhabung und Neustrukturierung des Prozesses statt, bei dem man die Ergebnisse der Discovery verarbeitet und anhand von diesen weiß, was alles möglich bzw. machbar ist. Design befasst sich mit Tätigkeiten, Regeln, Teilnehmern und Beziehungen.

Geschäftsanalytiker müssen die Prozesse leicht restrukturieren können, um so auf den Konkurrenzdruck oder auf bestimmte Geschäftsgelegenheiten reagieren zu können. Prozesszusammenführungen, -trennungen, -verbindungen, -neustrukturierungen, -veränderungen und -umformungen sind charakteristische Merkmale des Design Prozesses.

Die betriebswirtschaftlichen und systemtechnischen Schnittstellen werden intern oder extern (mit Geschäftspartnern) überarbeitet. Der Prozess der Speicherung unterstützt die Wiederverwendung, Bearbeitung / Anpassung, Regelung, Generalisierung und Spezialisierung einzelner Prozesselemente. Manche Unternehmen fangen dadurch an immer mehr und immer besser werdende Branchen - Verfahrensweisen und Muster zu entwickeln. Simulationen werden hierbei häufig genutzt um diverse Planungsalternativen herauszufinden.

Anders als früher Modellzeichnungen, die hauptsächlich für Software Techniker entworfen wurden, bietet die Notation, die von BPM verwendet wird, einen intuitiven Weg den Prozess zu Papier zu bringen. Die verschiedenen, möglichen Verhaltensweisen des Prozesses werden in einer grafischen Darstellung skizziert. Das Design wird hierdurch deutlich vereinfacht, da der Prozessschritt die möglichen Ausnahmen und deren Handhabung dargestellt werden. Außerdem bietet die Planung eine kompakte Darstellung, die es sogar erlaubt, abstrakte Geschäftskonzepte leicht zu erfassen.

2.2.3 Deployment (Einsetzung)

Neue Prozesse werden hier an alle Beteiligten – Menschen, Anwendungen und andere Prozesse – übergeben. Beim Einsatz eines BPMS ist es einfach, neue Prozesse mit wenig oder sogar keinem körperlichen Einsatz oder zusätzlichen technischen Schritten einzusetzen. Die meisten Tätigkeiten, aber nicht alle, sind automatisiert.

Um Fortschritte im Deployment zu machen, können Anwendungskomponenten integriert werden, indem man die Schnittstellen oder Prozesse projiziert, um die Betriebslogik der existierenden Anwendungen herauszufinden. Benutzeranwendungen werden nur einmal installiert, unabhängig von der Häufigkeit des Prozesseinsatzes. Das BPMS übernimmt dann die Steuerung der integrierten Anwendungskomponenten. Genauso können Prozesse bei ihrer Weiter-

entwicklung und an den standardisierten Schnittstellen zwischen Unternehmen abgebildet werden.

Bei der Einsetzung ist es möglich, Prozessarbeit nach Wunsch an verschiedene Beteiligte zu verteilen. Ebenso ist es möglich, die Ausführung von Prozessen über verschiedene Prozessmanagement-Systeme hinweg durchzuführen. Fein strukturiertes Changemanagement und Kundenbetreuung von Prozessen sind hier nicht nur möglich, sondern auch absolut notwendig. Da sich der Prozess sozusagen über die Systeme legt, ohne sie zu verändern, ist ein schrittweises Deployment und damit eine hohe Betriebssicherheit der bestehenden Infrastruktur gewährleistet.

2.2.4 Execution (Ausführung)

In diesem Schritt wird aus dem Modell des Prozesses eine Anzahl von Prozessinstanzen. Diese Instanzen repräsentieren jeweils einen konkreten Geschäftsvorfall. Hierbei wird überprüft, ob und wie der neue Prozess von allen Beteiligten – Menschen, Computer Systemen, anderen Unternehmen und anderen Prozessen – ausgeführt wird. Die technische Verantwortung für die Ausführung liegt bei dem Prozessmanagement - System, auch BPMS genannt. Das BPMS managt die Abfolge der Prozessschritte, in der Reihenfolge wie die Beteiligten mit ihnen arbeiten. Execution beinhaltet zugeteilte Transaktionen für neue und alte Systeme, sogar innerhalb komplexer Prozesse.

Bereits bestehende Anwendungen werden in die Prozessausführung integriert wie Teilstücke von größeren Prozessen. Die Ausführung ist isoliert von Störungen, die von der zugrunde liegenden Technologie oder von dem Verhalten mancher Anwendungen ausgehen.

Das BPMS verbirgt die computergesteuerte Middleware Schicht vor dem Anwender und gewährleistet so, dass Prozessinstanzen individuell zugeteilt und instanziert werden, während eine Umgebung verschiedenster Technologien permanent über im Hintergrund arbeitet. Verschiedene Tätigkeiten, die in verschiedenen Systemen ablaufen, werden miteinander verbunden und garantieren somit eine durchgängige Prozessverbindung. Der Datenfluss zwischen den Beteiligten wird überwacht und jede benötigte Übersetzung (Transformation von Daten) wird bereitgestellt bzw. ausgeführt.

Eine Datenbasis mit Prozessmetadaten[3] wird von den laufenden Prozessinstanzen erzeugt und permanent gespeichert, so dass die Teilnehmer nach dem aktuellen Stand oder der Struktur der Prozesse fragen können. Außerdem ist es möglich, eine Sicherungskopie von ihnen zu machen, sie wiedereinzusetzen und zu archivieren. Sie können sogar genau so wie Dokumente über Netzwerke übertragen werden. Damit wird den Abläufen in den Unternehmen eine Revisionssicherheit gegeben.

2.2.5 Interaction (Interaktion)

Hier findet die Bearbeitung der Nutzung des Prozess Desktops und des Prozess Portals, das dem Anwender erlaubt, mit Geschäftsprozessen zu arbeiten, statt. Dies beinhaltet das Management der Schnittstelle zwischen menschlicher Arbeit (traditionell auch Workflow genannt) und Automatisierung, bei der die Betonung auf Arbeitszuteilung und Taskmanagement liegt. Bei heutigen Prozessinteraktionen ist man in der Lage, in die einzelnen Prozesse, die man observiert und überwacht, einzugreifen und auftretende Ausnahmefälle zu beheben. Diese Interaktion mit Prozessen weitet die traditionelle Idee, der auf windows-graphik basierenden Benutzeroberflächen, zu ausdrucksfähigeren Systemen aus, die in der Lage sind komplexe Interaktionen mit und in Prozessen und Teilnehmern genauer darzustellen.

Diese Methode kann zur Bildung neuer taskorientierter Prozesse führen, die mit Hilfe von Aufzeichnungen von Benutzerhandlungen während der Laufzeit entwickelt werden. Da die BPM Technologie Prozesse als Datei, bzw. technisch gesprochen als ein abstrakter Datentyp, darstellt, entstehen eine große Anzahl an Werkzeugen und Techniken, die für die Schaffung, das Lesen, das Schreiben, die Modifizierung und die Ausbreitung von Prozessbeschreibungen genutzt werden. Momentan werden, entsprechend der Vielfalt der Werkzeuge, die es gerade gibt, HTML Seiten für das Internet erstellt, wo früher ein einfacher Texteditor verwendet wurde. Bei Prozess Portalen, zum Beispiel, werden Anwendergruppen definiert und bereitgestellt, um Prozess Teams die Zusammenarbeit zu erleichtern. Prozesse können verborgene Wissensressourcen beinhalten, die es ihnen gestatten, bei Nutzung als virtuellen Agenten (Trainer) zu dienen und den Anwendern Simulationen zu ermöglichen. Somit können sie die Prozesse herauszufinden, bei denen es erforderlich ist, dass sie teilnehmen.

---

3) Prozessmetadaten sind die Daten über der Prozessinstanz selbst, z.B. Beginn, Dauer, ausführender Anwender, etc. Diese Daten werden während der Laufzeit gesammelt und für Rollback Maßnahmen gespeichert.

2.2.6 Monitoring and control (Überwachung und Kontrolle)

Die Überwachung und Kontrolle gilt für beides: Sowohl für die Prozesse, als auch für das Prozessmanagementsystem, von dem sie ausgeführt werden. Der Tätigkeitenfokus auf den geschäftlichen und technischen Neuerungen ist wichtig, um die Integrität von individuellen Prozessen, Klassen von Prozessen und die, der gesamten Umgebung zu erhalten. Dies beinhaltet auch die Arbeiten, die benötigt werden, um den Prozess aus technischer Perspektive sicher laufen zu lassen, wie z.B. die Überwachung der Nutzung der Ressourcen. Unerwartete Fehler und Ausnahmen müssen identifiziert werden. Entweder erfolgt dies automatisch oder manuell, mit der Unterstützung von Experten, die Prozesswerkzeuge verwenden.

Andere Überwachungs- und Kontrollarbeiten beinhalten die Prozesszuteilung zwischen Partnern, die Erweiterung von Prozessen und das Hinzufügen, Herausnehmen und Ändern von Teilnehmern innerhalb eines Prozesses. Die Tätigkeiten werden den Verantwortlichen vertraut sein, die zuständig sind für die Dauerhaftigkeit und Erweiterung der Systeme und Anwendungen, die in einem zusammengeschlossenem Datenzentrum ablaufen. Der Fokus von Systemmanagement Tasks liegt auf technischen Systemen, wohingegen Prozessmanagement Tasks mehr auf die tägliche, wöchentliche und monatliche operative Steuerung ausgerichtet sind.

2.2.7 Optimization (Optimierung)

Optimization bedeutet die andauernde Tätigkeit der Prozessverbesserung, um den Kreis zwischen der Planung und der Analyse der Rückmeldung des aktuellen Prozesses zu schließen. Optimization kann automatisiert oder manuell sein und wird innerhalb des Unternehmens durchgeführt. Das Geschäftsprozessmanagement kann automatisiert über die gesamte Firma hinweg Engpässe, Deadlocks und andere Instabilitäten in dem Prozess ausfindig machen. Dies geschieht meistens in Prozessen, die von jedem genutzt werden und die in die Wertschöpfung für den Kunden eingeschlossen sind. Die automatisierte Optimierung der Ressourcennutzung, der Umbau von seriellen zu parallelen Prozessschritten und die Beseitigung von Redundanzen, sind Fälle, bei denen die Prozessoptimierung Einstellungen ausführen oder vorschlagen kann, ohne menschliches Eingreifen. Optimization ist ziemlich stark auf den Analyse - Prozess angewiesen.

2.2.8 Analysis (Analyse)

Bei der Analyse wird die Performance des Prozesses gemessen, um die Metrik, Analysen und Business Intelligence zu beschaffen, die benötigt werden, um Strategien zur Verbesserung durchzuführen und weitere Möglichkeiten für Neuerungen zu entdecken. So wird ein weiter Blickwinkel über die Zeit und die Ressourcen die von end-to-end Geschäftsprozessen verbraucht werden, gegeben.

Die Zeit und Ressourcen hängen von der Sprache ab, in der der Prozess die Anfragen, die die Rückantwort der Management Ebene und Betriebsdetails der Geschäftsprozesse der Vergangenheit und der Gegenwart bereitstellen, tätigt. Updates können für individuelle Prozesse oder Teilprozesse, für Instanzen der Planung oder der Planungen selbst verwendet werden. Anfragen finden Verwendung für Prozessinformationen oder für die strukturierte Entwicklung des Prozesses, mit all seinen Fähigkeiten und Teilnehmern. Die Prozessplanung ist nichts mehr als die Prozessdaten selbst. Allgemein gültige Informationen über den Prozess können im Kontext seiner Vergangenheit und dem zukünftigen Projektnutzen festgestellt werden. Der Prozess ist aufgeteilt in Geschäftsziele und Planungsmerkmale. Die Anwender können einen periodischen Rückblick der end-to-end Prozesse durchführen, um Probleme oder Unzulänglichkeiten zu identifizieren.

So wie in der Prozessplanung spielt auch in der Analyse die Simulation eine wichtige Rolle. Die Analyse zeigt Möglichkeiten auf, um ganz neue Prozesse, Services und Produkte zu schaffen, genauso wie existierende Muster zu optimieren. Neue Muster können sofort getestet und in den Produktlauf aufgenommen werden.

Mit dieser neuen Möglichkeit der Geschäftsprozesskontrolle kommt eine immer weiter anwachsende Verantwortung. Vorher war der Geschäftsbetrieb von der Einwirkung von Prozessänderungen, die durch lange Ablaufzeiten von IT Projekten verursacht wurden, abgeschirmt. Dies ist nicht länger der Fall. Die Analogie für BPM Automatisierung versetzt die fachlichen Anwender in die Lage die grafischen Modelle incl. der technologischen Unterfütterung zu manipulieren und zu lenken. Deshalb muss die Simulation eine immer wichtig werdendere Rolle in der Beschaffung eines ausführlichen BPM Steuerungs- und Analysesystem einnehmen.

2.3 Welche Ziele haben Business Process Management Systeme? (BPMS)[4]

➢ Integration von Systemen – sie beeinflussen die existierenden IT Anlagen dadurch, dass sie sich mit dem Datenbestand bereits vorhandenen Systemen verbinden.

➢ Management aller Prozessphasen – BPMS unterstützt die Entwicklung, Planung, Einsetzung, Handhabung und Analyse von Geschäftsprozessen innerhalb einer integrierten Umgebung, die die Bedürfnisse von Managern, Prozess Technikern, funktionellen Abteilungen und Arbeitnehmer unterstützt.

➢ Automatisierung von Routine Aktivitäten – unter anderem werden automatisierte Geschäftsprozesse und Schnittstellen der Prozesse mit Geschäftspartnern ausgeführt und optimiert.

4) vgl. **Smith, Howard; Neal, Douglas, u.a. (Januar 2002):** The Emergence of Business Process Management, A Report by CSC'S Research Services, Version 1, S.13.

➢ Nahtloser Einsatz von Prozessen – es ist möglich, dass Prozesse von Anwendern und Ingenieuren gemeinsam entwickelt, in einer zuverlässigen, skalierbaren IT Infrastruktur zusammengefasst und danach vom Geschäftsbetrieb betrieben werden. Die Zusammenfassung folgt direkt nach der Prozess Planung ohne jegliche Zwischenschritte.

➢ Bereitstellung von durchgängiger Transparenz und Kontrolle – ein BPMS ermöglicht es, Prozesse zu erfassen, zusammenzufassen, optimieren und durchgängig zu analysieren, über mehrere Anwendungen und mehrere Geschäftspartner hinweg. Es ist eine weltweite Transparenz und Kontrolle von weit verbreiteten Unternehmen möglich.

2.4 Prozessmanagement als bereichsübergreifendes Organisationskonzept

2.4.1 Gründe für eine Prozessorientierung der Unternehmensorganisation

Die Gesamtaufgabe wird bei der Funktionsorientierung in Teilaufgaben zerlegt, die wiederum organisatorische Einheiten darstellen[5]. Ziel dieser Trennung ist es, eine bessere (Arbeits-) Qualität zu erlangen und somit die Produktivität zu erhöhen. Die Gestaltung der Ablauforganisation erfolgt erst in zweiter Linie als „zusätzliche, in Einzelheiten gehende raumzeitliche Strukturierung"[6] Das Problem hierbei liegt darin, dass stellenübergreifende Ansätze beim klassischen Organisationsansatz nicht wirklich berücksichtigt werden. Vorhandene Geschäftsprozesse werden deshalb meist erst im Nachhinein in die vorhandene Aufbaustruktur „hineinorganisiert".

Die Anforderungen bzw. Belange von bereichsübergreifenden Prozessen werden hier nicht ausreichend berücksichtigt, was zur Folge hat, dass sich die, auf der folgenden Seite in der Abbildung dargestellten, Mängel ergeben.

5) vgl. **Vahs, Dietmar (2001)**: Organisation: Einführung in die Organisationstheorie und –praxis, 3.Aufl., Stuttgart (Schäffer – Poeschel), S.189-191.
6) vgl. **Kosiol, E. (1976)**: Organisation der Unternehmung , 2.Aufl., Wiesbaden, S.178.

Abb.2: Mängel „traditioneller" Organisationskonzepte
Quelle: Vahs, 2001, S.191

Aufgrund von mehreren Arbeitsschritten, die durch eine funktions- und hierarchiebezogene Zerlegung entstehen, treten Steuerungsprobleme auf, die dann einen großen Koordinations- oder, bzw. und, Regelungsbedarf zur Folge haben.

Ein großes Problem ist die Abstimmungsschwierigkeit zwischen den einzelnen Bereichen. Zum Beispiel kann dies durch mangelhafte Weitergabe von Informationen oder durch gegenseitige Abschottung der involvierten Bereiche, verursacht werden. Somit entstehen Dysfunktionalitäten, die nicht wertschöpfend sind.

Bei einer Bildung aus der Intransparenz und dem Ressortdenken betrieblicher Abläufe spricht man von so genannten operativen Inseln. Die Organisation wird durch solch operative Inseln erheblich beeinflusst. Es entstehen unnötige Schnittstellen, Doppelarbeiten und Redundanzen. Außerdem wird die Ressourceneffizienz, so wie auch die Leistungs- und Führungsprozesseffizienz, verringert.

2.4.2 Notwendigkeit der Prozessorientierung

Damit Unternehmen heutzutage auf dem aktuellen Markt überleben können, müssen die auf den externen Kunden gerichteten Geschäftsprozesse schnell und möglichst kostengünstig abgewickelt werden. Prozessmanagement stellt hierfür eine gute Lösungsmöglichkeit dar. Die Entscheidungsträger im Unternehmen setzen die Prozesssicht durch organisatorische Maßnahmen um. Kernpunkt ist dabei die prozessorientierte Betrachtungsweise der Organisation.

Die prozessorientierte Organisationsgestaltung stellt die besonderen Erfordernisse des Ablaufs von betrieblichen Wertschöpfungsprozessen in den Vordergrund.

Nach der Identifikation der erfolgsrelevanten Prozesse kommt die Analyse der vorhandenen Abläufe und gegebenenfalls ihre Neugestaltung. Erst danach folgt die Stellenbildung. Dieses Vorgehen wird durch die Konzentration auf die wesentlichen Tätigkeitsfolgen gefördert. Die Ausrichtung der Organisation auf die wertschöpfenden Aktivitäten wird ebenfalls gefördert und dies trägt so zu einen schnittstellenärmeren Strukturen bei.[7]

2.4.3 Vorteile der Prozessorientierung

➤ Die vorhandene Schnittstellenproblematik und die gegenseitige Abhängigkeit einzelner Tätigkeiten wird durch die Ausrichtung der Organisation auf die Integration von betrieblichen Funktionen und der relevanten Unternehmensprozesse verringert.

→ schnittstellenbedingte Fehler, Doppelarbeiten und Koordinationsaufwand nimmt ab.

➤ Die Mitarbeiter sind viel motivierter. Diese Motivation ist zum Beispiel durch die umfassenderen Aufgabenbereiche und die größere Eigenverantwortung begründet. Da Prozesse bereichsübergreifend definiert werden ist es möglich Verantwortung und Kompetenzen für den gesamten Prozessablauf auf eine oder mehrere Personen zu verteilen. Durch ganzheitliche Prozessverantwortung entstehen Freiräume für eine Selbstorganisation und Selbstkontrolle.

➤ Der Kunde steht im Vordergrund des Bemühens und nicht wie zuvor irgendwelche Betriebsegoismen. Durch diesen Fokus wird die stetige Optimierung der Unternehmensabläufe unterstützt → kontinuierlicher Verbesserungsprozess.

Außerdem fördert die interne und externe Kundenorientierung überbetriebliches Denken, während die Konzentration auf den wertschöpfenden Aktivitäten liegt.

---

7) vgl. **Pfohl, H.-C.; Krings, M.; u.a. (1996):** Techniken der prozessorientierten Organisationsgestaltung , S.247.

3 BPM Standards

Da sich Geschäftsprozesse häufig über mehrere Technologieplattformen ausdehnen und verschiedene Anbieter umfassen, haben Anbieter und Unternehmen ein Interesse, die Modellierung zu standardisieren und die Ausführung und Interaktion von Geschäftsprozessen zu unterstützen. Derzeit gibt es viele verschiedene Standardisierungsinitiativen. Dies hat allerdings zur Folge, dass ziemlich viel Verwirrung herrscht und es nicht zur beabsichtigten Kompatibilität führt. Zu den Standardisierungsinitiativen gehören unter anderem WSFL, BPEL4WS, XLANG und BPML.

3.1 Web Services Flow Language (WSFL)

WSFL wurde von IBM geschaffen und beschreibt einen Arbeitsablauf auf zwei Ebenen. Die Geschäftsprozesse werden mit Hilfe eines Modellansatzes mit gerichteten Graphen definiert und ausgeführt. Die Geschäftsprozesse können sich selber, über die von WSFL definierte, öffentliche Schnittstelle, als Web-Services anbieten.

Prozesse, die von einer Aktivität zur anderen übergehen, lassen sich mit Hilfe von WSFL modellieren, wobei mit Hilfe einer XML[8] Syntax (von Menschen und Maschinen lesbar) an definierten Kontrollpunkten Entscheidungen gefällt werden. Workflow – Systeme können, basierend auf WSFL, Aktivitäten und Kontrollpunkte, die zu einem Geschäftsprozess gehören, einzeln abarbeiten. WSFL wurde mittlerweile von BPEL4WS abgelöst.

3.2 Business Process Execution Language for Web Services (BPEL4WS)

Wie vorhergehend erwähnt wurde WSFL von BPEL4WS abgelöst. Es ist ein relativ neuer Standard, der von Microsoft, IBM und BEA entwickelt wurde. Geschäftsprozesse werden hierbei nicht als Ganzes betrachtet, sondern nur die Art der Zusammenarbeit der verschiedenen Teilnehmer. Dies geschieht aus der Sicht eines einzigen Teilnehmers. Ihr Zweck ist es, einzelne Web Services zu einer Abfolge von lose gekoppelten Prozessschritten zu verbinden.

3.3 Extensible Language (XLANG)

XLANG ist eine Entwicklung bzw. eine Spezifikation von Microsoft. Hierbei werden Interaktionen zwischen Geschäftsprozessen beschrieben. Des Weiteren ist es möglich, XLANG Planzeichnungen zu erstellen, die in XML – strukturierte XLANG – Plandateien kompiliert werden können. Diese Pläne sind dann mit den XML Regeln für Dokumente kompatibel. XLANG wurde wie WSFL von BPEL4WS abgelöst.

---

8) XML = Extensible Markup Language → Sprache, die definiert wie eine Datenmenge zu beschreiben ist. (ausführliche Erläuterung siehe Kapitel 4.1.3.)

4 Business Process Modeling Language (BPML)

Die Möglichkeit mit anderen Unternehmen zusammen zu arbeiten ist die wichtigste Anforderung an das Geschäftsprozessmanagement. Aber in absehbarer Zukunft kann kein einziger Partner mehr all die Fähigkeiten, die ein einziges Unternehmen benötigt, bereitstellen. Was benötigt wird, ist eine Sprache, die die Fähigkeiten besitzt, einen komplexen Geschäftsprozess zu beschreiben und diesen bei Anforderungen für Änderungen leicht reagierend zu machen.

Die Business Process Management Initiative (BPMI.org) hat genau solch eine Sprache definiert: Business Process Modeling Language (BPML).

4.1 Allgemeine Definitionen

Bevor BPML im Detail behandelt wird, ist es nötig zuerst einmal ein paar grundlegende Begriffe im Einzelnen näher zu erläutern.

4.1.1 Metasprache

Die Metasprache stellt keine klassische Programmiersprache dar[9]. Der griechische Begriff „meta" bedeutet so viel wie „unter, mit, nach, wechselnd". In der Informationstechnik steht Meta meist für eine zugrunde liegende Definition. Folglich versteht man unter einer Metasprache eine Definition bzw. Beschreibung einer Sprache, wobei durch die Metasprache die Regeln zur Erzeugung einer Sprache beschrieben werden.

4.1.2 Standard Generalized Markup Language (SGML)

SGML stellt eine, wie vorausgehend beschriebene, Metasprache dar[10]. Sie wurde im Jahre 1986 (als ISO 8879) als Meta-Seitenbeschreibungssprache genormt und legt Regeln darüber fest, wie ein Dokument in seiner logischen Struktur (Überschriften, Absätze, inhaltliche Einheiten, usw.) beschrieben werden kann. (Somit lassen sich Inhalt, Gestaltung und Struktur von den Informationen trennen.)

Beim Austausch von Daten treten öfters Probleme auf, z.B. durch herstellerspezifische Formate o.ä. Da SGML es ermöglicht, Dokumente in standardisiertem Format zu speichern, treten die eben aufgeführten Probleme nicht mehr auf.

SGML selbst ist keine Auszeichnungssprache, sondern eine generelle „Grammatik", aus der eine konkrete Auszeichnungssprache mit Hilfe einer Document Type Definition (DTD)[11] abgeleitet wird. Die bekannteste DTD von SGML ist HTML.

---

9) vgl. http://www.net-lexikon.de/Metasprache.html
10) vgl. http://www.net-lexikon.de/SGML.html
11) DTD: In einer DTD wird die Struktur definiert, in der die Inhalte erfasst werden. (Stellt Grundlage für Bearbeitung des Dokumentes dar)

4.1.3 Extensible Markup Language (XML)

Die Extensible Markup Language (XML), die sich an SGML anlehnt definiert, wie eine Daten-menge zu beschreiben ist.[12] XML ist seit 1997 Industriestandard für die Kodierung von struktu-rierten Informationen. XML–Dateien sind reine Textdateien, die mit jedem Editor bearbeitet werden können. Anwendungsgebiete von XML sind unter anderem Website-Verwaltung, Da-tenaustausch, Dokumentenmanagement und E–Commerce.

Mit XML kodierte Daten stehen einer agentengeschützten Weiterverarbeitung zur Verfügung und bilden eine Grundlage für verschiedenste EDI- oder Electronic Commerce-Anwendungen. Das XML–Konzept basiert auf der Idee des strukturierten Auszeichnens von Daten.

Das Grundkonzept ist die Trennung von Layout, Inhalt und Struktur eines Dokumentes. Der Inhalt des Dokumentes wird nicht über das Layout kodiert, sondern über seine Struktur. Diese Struktur wird in einer DTD (Document Type Definition) festgelegt, einem so genannten Bau-plan für Dokumente gleicher Art. Der Parser, ein Prüfprogramm, vergleicht ein XML-Dokument mit der DTD und stellt dabei fest, ob der Dokumentaufbau identisch ist.

XML unterscheidet sich in folgenden Punkten grundsätzlich von HTML:

> ➢ Tags[13] und Attribute können individuellen Anforderungen entsprechend definiert und benannt werden.

> ➢ Dokumentenstrukturen können in beliebiger Komplexität abgebildet werden.

> ➢ XML-Dokumente können eine formale Beschreibung ihrer Grammatik enthalten.

Während HTML-Dokumente in erster Linie beschreiben, wie der Inhalt der Tags darzustellen ist, kann ein XML-Dokument Aussagen über die Bedeutung des Inhaltes enthalten.

4.2 Eigenschaften von BPML

BPML ist eine Spezifikation sowohl für die Bildung von BPMS als auch für die Modellierung von Geschäftsprozessen.[14] BPML stellt ein abstraktes Muster für alle Prozesse zur Verfügung, das benötigt wird, zusammen mit einem Standard basierten XML Schema und der Syntax um Geschäftsprozesse verständlich zu machen und zu managen. Obwohl es für Geschäftsanalys-ten und Techniker möglich ist, Prozesse durch unmittelbare Nutzung von BPML zu modellie-ren und auszuführen, ist es für nicht – technische User nicht möglich, die genauen Details des Geschäftsprozesses herauszufinden. Das Szenario ist gleich zu der Art, wie HTML verwendet wird. Technisch orientierte Menschen verwenden HTML direkt, während Geschäftsleute Tools auf höchster Ebene benutzen.

---

12) vgl. im folgenden **Bergmann, Michaela (2002)**: Praxissemesterbericht Nr.2:
    Auftragsstatusanfrage und Preis-/Verfügbarkeitsanfrage im SHK Portal, S. 5
13) tag = "Marke, Etikett." Tags werden vor allem in Beschreibungssprachen wie HTML und XML
    eingesetzt. Sie beinhalten spezielle Befehle.
14) vgl. im folgenden **Smith, Howard; Fingar, Peter (2003)**: Business Process Management: The
    Third Wave., 1.Aufl., Tampa (Meghan-Kiffer Press), S.204-206.

Auch wenn viele Anwender niemals wissen werden, dass die Basis des BPMS von Prozessrechnungen durchdrungen ist, liefert diese Rechenbasis Konsistenz und versichert, dass alles funktioniert. Die gleiche Zusicherung wurde beim Datenmanagement durch striktes Festhalten am relationalen Datenmodell erreicht.

Ein Hauptmerkmal von BPML ist, dass sie direkt in der IT Infrastruktur ausführbar ist. Sie ist deshalb abhängig von der Existenz einer funktionierenden und ausführenden Umgebung. Dies ist aber nicht dasselbe wie die Entwicklung von schnell ablaufenden Anwendungen, wo der ausführbare Code von einem Modell generiert wurde. – BPML stellt hier diesen ausführbaren Code dar! BPML wird von einer „Process virtual machine" innerhalb des BPMS ausgeführt. Dies ist vergleichbar mit der Art und Weise wie ein Java Programm von einer „Java virtual machine" ausgeführt wird, die von einem Betriebssystem bereitgestellt wird.

BPML definiert nur, was für die Beschreibung von Geschäftsprozessen nötig ist, nicht irgendwelche Details, die mit der Systementwicklung zusammenhängen um den Geschäftsprozess letzten Endes ausführen zu können. Deshalb ist es Softwareunternehmen freigestellt, Neuerungen für die Performance Zeit, Skalierbarkeit, Stabilität oder andere Aspekte ihrer Produkte einzuführen.

BPML definiert nur, was notwendig ist um einen Standard für Prozesse zu etablieren, so wie das relationale Modell nur das definiert, was für die Etablierung eines Standards für Daten notwendig ist. Dies bedeutet, dass BPML sich über Aspekte wie Geschäftsaktivitäten verschiedener Komplexität, Geschäftstransaktionen und deren Kompensation, Prozessdatenmanagement, Zusammenwirkungen, Ausnahmehandlungen und einsatzfähigen Semantiken, erstreckt. Es ist nicht das Ziel von BPMi.org die Methoden, die Geschäftspartner in der internen Konstruktion eines BPMS verwenden, zu standardisieren. Vielmehr bieten sie Standards für den formalen Prozess der Modellierung eines BPMS an, die mit Hilfe von Prozessplanung Tools und einer spezialisierten Abfragesprache (Process query language) dem Untenehmen Unterstützung bieten sollen.

BPML Prozesse sind eindeutig. Die Bedeutung eines BPML Ausdruckes und dessen Erklärung, was bei seiner Ausführung passiert, sind niemals zweideutig - es ist somit eine eindeutige Spezifikation. BPML stellt ein Vokabular bereit, so dass es möglich ist Prozessdefinitionen über heterogene Systeme hinweg persistent zu machen und auszutauschen.

Dies ist entscheidend für Unternehmen, ebenso wie für die Prozessindustrie. Unternehmen möchten heutzutage ihre Prozessmanagement - Infrastruktur durch Nutzung von Komponenten, welche die jeweils beste Funktion liefern, aufbauen. Ebenso viele Unternehmen, die heutzutage den Datenbestand eines Partners und die Anwendungen eines anderen koppeln, möchten genau dasselbe mit ihren Prozessen machen. Ebenso möchten sie Prozessmodelle, die sie in der Vergangenheit entwickelt haben, mit einbeziehen.

BPML definiert ein abstraktes Modell und eine Grammatik, um Geschäftsprozesse, Web Service Choreographien oder Unternehmenszusammenarbeiten mit mehreren Teilnehmern, aus-

zudrücken. Es ist nicht möglich bereichsspezifische Semantiken zu definieren, wie z.B. Details der Supply Chain Logistik, ERP oder CRM. Außerdem wird auch nichts Spezifisches für vertikal orientierte Branchen angeboten.

BPML ist die Sprache, die für die Formulierung des Ausdruckes und der Durchführung der zusammenwirkenden Unternehmensschnittstellen verwendet wird. Dieses beinhaltet sowohl den nötigen Datenaustausch, als auch Prozessschnittstellen, von denen die Daten ausgetauscht werden. BPML definiert Prozessdaten mit Hilfe von XML Schemata, durch die es möglich ist, Branchen - Datenstandards in Verbindung mit Prozessdefinitionen zu verwenden. BPML kann die Einbeziehung von branchenstandardisierten Datendefinitionen ausdrücken.

Die Industrie hat visuelle BPML Tools auf höchster Ebene entwickelt, die verwendet werden können um zum einen zusammenarbeitende, zum anderen ausführende Prozesse, so zu beschreiben, dass Geschäftsleute sie auch nachvollziehen können. BPML ist offen für die gesamte Gemeinschaft von Prozesstechnikern, Geschäftanalysten und Systemarchitekten und hilft Unternehmen die Entwicklung zu koordinieren und zu rationalisieren, sowohl innerhalb als auch außerhalb des Unternehmens.

BPML Anwender können Prozess Beschreibungen gegenseitig austauschen, ohne dabei Details der technischen Implementierung ihres Unternehmens bekannt geben zu müssen. Diese Methode durchbricht den bisherigen Programmierungszyklus, mit dem interne e-business Lösungen geschaffen wurden. Diese Lösungen konnten von außenstehenden Entwicklern nicht geändert und von Betriebsanwendern nicht gelesen und meist auch nicht nachvollzogen werden. BPML stellt hierbei das Unternehmensvertrauen her, das bei gemeinsamem Handeln nötig ist. Für Geschäftsleute muss es möglich sein, in einer für sie angenehmen Art zu kommunizieren. Das gesamte Potenzial von Standardsprachen bleibt so lange unrealisiert vorhanden, bis Geschäftsleute durch Nutzung der Sprache kommunizieren können.

Unternehmen können immer mehr gleich angewendete Unternehmenstools wie z.B. eine Projektplanungssoftware erwarten, die auf prozessmodellierenden Sprachen basieren. Dies ermöglicht es im Planungsprozess eigentlich alle Geschäftsinformationen direkt bei Operationen einzubringen. Das formelle Fundament von BPML liefert die Gewissheit, Stimmigkeit und Simplizität, die notwendig ist, damit Anwender in der Lage sind, Prozesse mit höchster Selbstsicherheit zu bedienen. Da der Fokus von BPM meist auf der Zusammenarbeit zwischen Abteilungen oder Unternehmen liegt, bietet BPML vollständige Unterstützung für zugeteilte, gleichzeitig ausführbare Prozesse. Außerdem wird eine Vielzahl von Prozessteilnehmern und Semantiken unterstützt, das Erstellen und Verwenden von Nachrichten ist erlaubt und dynamische Prozessverzweigungen, in Prozessschritten eingebettete Geschäftsregeln, werden genutzt und die Handhabung von Ausnahmen werden ebenfalls unterstützt.

Bei BPML können miteinander verbundene Prozessmodelle so viele oder so wenige Details über die Ausführung beinhalten, wie der Prozess Designer es für notwendig hält. BPML unterstützt ebenfalls ein hohes Level an Abstraktionen, in welchen Details über die Ausführung

verborgen sein können. Diese Methode unterstützt die Zusammenarbeit zwischen Geschäfts-partnern. BPML kann es mit der Komplexität der Zusammenarbeit zwischen Geschäftsprozessen aufnehmen, indem sie eine beliebig große Zahl von Teilnehmern zulässt, die eine Rolle in dem durchgängigen Prozess Design darstellen. Die Teilnehmer können frei miteinander kommunizieren, quer durch die gesamte Wertschöpfungskette. Dies wird durch Trennung des Kontrollflusses, Datenflusses und Ereignisflusses erreicht. Der Nachrichtenaustausch zwischen Prozessteilnehmer beinhaltet Prozessdaten, die zur Prozesszusammenarbeit benötigt werden.

Die Kreativität und Erfindungsgabe von Systementwicklern zu lesen, zu schreiben, zu erzeugen, zu verarbeiten und zu handhaben, sollte durch BPML niemals unterschätzt werden. BPML ist nicht so geschaffen, dass sie von den meisten Geschäftsleuten gelesen werden kann, so wie auch komplexe HTML oder XML Syntax. Deshalb hat BPML auch eine entsprechende graphische Notation, die Business Process Modeling Notation (BPMN).

4.3 Business Process Modeling Notation (BPMN)

BPMN verwendet eine Anzahl von leicht verständlichen Zeichensymbolen, die BPML Elemente darstellen[15]. Anwender beeinflussen die Symbole – verschiedene geometrische Figuren, Pfeile, usw. – und verbinden Prozessabläufe graphisch. Hinter der graphischen Ansicht ist das Modell auch in BPML ausgedrückt, so dass mehr technisch veranlagte Mitarbeiter dies nutzen können. BPML und BPMN sind in der Handhabung gleich einfach. Schon jetzt sind sie soweit ausgereift, dass man mit ihnen komplizierte, hoch entwickelte Prozesse durchgehend entwickeln kann. Die Prozesse können hierbei genau so komplex sein wie traditionelle software-basierte Anwendungen.

Genau so wie Spreadsheet[16] Programme, die Makrofähigkeiten bereitstellen, die es Anwendern fortschrittlich ermöglicht komplexe numerische Modelle zu entwickeln, kann BPML von allen Anwendern genutzt werden, egal wie groß ihr technisches Wissen ist.

---

15) vgl. im folgenden **Smith, Howard; Fingar, Peter (2003):** Business Process Management: The Third Wave., 1.Aufl., Tampa (Meghan-Kiffer Press), S.204-206.
16) Spreedsheets sind Anwendungen, die viel Mathematik-, Finanz- und Datenbankfunktionen Ausführen.

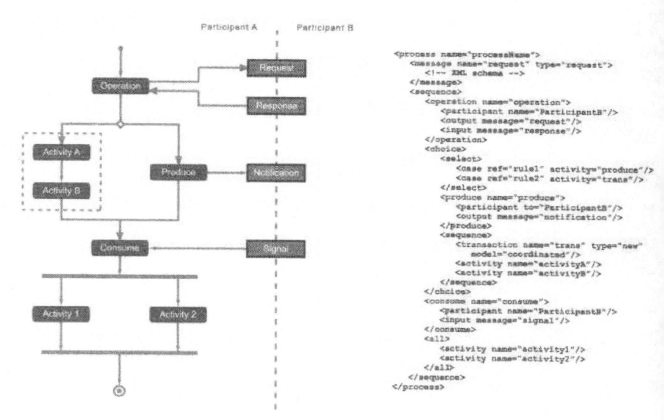

18

Abb.3: Grafischer BPMN Ausdruck und seine Darstellung in BPML
Quelle: Smith / Fingar, 2003, S.207

Wie in oben gezeigter Abbildung herrscht eine 1:1 Beziehung zwischen BPML und BPMN. Das Diagramm repräsentiert den Code und genauso ist es andersherum. Es gehen keine Informationen verloren, wenn man zwischen Diagramm und Code wechselt.

Ein eindeutiger Vorteil, der dadurch erzielt wird, ist die Möglichkeit, dass man Prozesse so abbilden kann, dass Geschäftsanwender den Prozess sowohl verstehen als auch ausführen können.

Auch wenn BPMN bei einer Ebene auf die dringende Notwendigkeit von Prozess Kommunikation stößt, werden viele neue und verbessernde Notationen für BPML passend geeignet auf dem Fundament, das BPMN errichtet hat, entwickelt. (Z.B. ist ein Projektplan eine Art Geschäftsprozess, wohingegen Pläne aber auch in BPML dargestellt werden können. Dies erfolgt durch die Nutzung von Timing, Ressourcen und nötigen Attributen. Wenn man solch ein Planmodell anschaut stellt BPMN nicht die beste Wahl dar.)

19

4.4 Positionierung von BPML in Workflow, Integration und ERP

4.4.1 BPML und Workflow Systeme

Im Gegensatz zu herkömmlichen Workflow Systemen hat eine BPML Installation keine eigenen Daten. Die im Prozess gewonnenen Erkenntnisse und Daten werden in die dafür vorgesehenen Systeme eingespielt. Lediglich die technischen Informationen über den Prozess selbst befinden sich in dem Repository und können zu Auswertungen herangezogen werden. Durch die Trennung der Daten und Funktionen der Systeme auf der einen Seite und der logischen Reihenfolge im Aufruf der Funktionen auf der anderen Seite – ohne eigene Daten zu halten – unterscheidet sich BPML von herkömmlichen Workflow Systemen. Workflow Systeme wie Lotus Notes basieren auf der Annahme, dass Dokumente durch ein Unternehmen fließen und irgendwann entsprechend ihrer Bedeutung abgelegt werden müssen. Diese Ablage erfolgt innerhalb des Workflow Systems und ist über dessen Grenzen hinaus nicht zugreifbar.

4.4.2 BPML und Enterprise Application Integration (EAI)

Der Ansatz EAI befasst sich ausschließlich mit der Integration der technischen Systeme und den damit verbundenen Herausforderungen an die Infrastruktur. Die eigentlichen Geschäftsprozesse werden nicht als Fokus angesehen. Bei den meisten EAI Werkzeugen geht es um eine Integration von Anwendungen, ohne den geschäftlichen Nutzen der jeweiligen Anwendung zu betrachten. Die Integration beschränkt sich meist auf die Installation eines gemeinsamen „Message backbone" an den die Anwendungen angeschlossen werden. Die prozessrelevanten Anteile einer EAI Installation, werden meist (relativ) hart verdrahtet. Veränderungen können meist nur von Technikern durchgeführt werden. Die Logik der jeweiligen Anwendung und Daten werden als gegeben und korrekt vorausgesetzt.

4.4.3 BPML und ERP

Bei ERP-Systemen, genauso wie bei CRM und anderen speziell angefertigten Anwendungen, wurden in den späten 90er Jahren angenommen, dass sie Echtzeitinformationen zentral zugänglich machen, die zu schnelleren Transaktionen, Reduzierung von Zyklenzeiten und zu besserem finanziellem Management führen. Vorteile wie Zuverlässigkeit, Beweglichkeit, Flexibilität und Transparenz wurden zugesichert. ERP-Systeme waren flexibler und agiler als Altsysteme und sie unterstützten komplexe, zusammenhängende Prozesse innerhalb des Unternehmens. Alle Prozesse waren bei den wichtigsten Informationen mit eingeschlossen, so dass sich eine größere Änderung eines Prozesses in allen damit zusammenhängenden Prozessen widerspiegelte. Geschäftsprozessplanungen wurden explizit gespeichert, so dass das ERP-System zumindest in der Theorie die Kosten und die Zeit, die nötig waren um einen Prozess durchzuführen, messen konnte. Letzten Endes konnten aber die gemachten Versprechen in der Praxis nicht vollständig eingehalten werden, vor allem auch deshalb, weil ERP – Systeme, sobald sie einmal implementiert sind, sehr unflexibel sind. Meistens bieten sie außerdem vor-

gefertigte Abläufe, die nicht immer mit den optimalen Anforderungen eines Unternehmens übereinstimmen. Deswegen bleibt einem Unternehmen nichts weiter übrig, als seine Abläufe so nah wie möglich dem ERP-System anzupassen oder das ERP-System dementsprechend zu erweitern.

Den Vorteil, den BPM hier bietet ist, dass Prozesse auch während der Laufzeit angepasst werden können. Außerdem ist es möglich, die bisherigen, optimierten Anwendungen, die wertvolle Erfahrungen mit unternehmensspezifischen Prozessen beinhalten, zu übernehmen. Dabei können Daten aus ERP – Systemen jederzeit mit dem Prozess ausgetauscht werden.

4.5   Welche Ziele hat BPML?

➢ Primäres Ziel von BPML ist es, die bestehenden Anwendungen in ihren Eigenschaften, die etablierten Datenbanken in ihrer Aufbaustruktur und die vorhandenen Kommunikations-werkzeuge auf Basis der technischen Kommunikation zu verbinden. Dabei erfolgt die Ver-bindung zwar auf einem technischen Niveau, aber diese technischen Spezifikationen wer-den als Katalog (Repository) angeboten. Der zu modellierende Prozess bedient sich dann der Einträge in diesem Katalog. Manipulationen am Prozess können auf einem grafischen Niveau durchgeführt werden.

➢ Durch BPML wird die Möglichkeit zur Kompabilität von unternehmensindividuellen Ge-schäftsprozessen geschaffen. Somit lassen sich Integrationsstrategien besser als vorher realisieren.

➢ Stabile und wieder verwendbare Prozessmodelle von hoher Komplexität können beschrie-ben werden (Darstellung erfolgt dabei grafisch in einem Flussdiagramm und somit wird für alle Prozessteilnehmer der Ablauf besser verständlich).

➢ Dadurch, dass Abläufe grafisch verfolgt werden und gleichzeitig eine vollständige Über-sicht über die zugehörigen Datenbewegungen bzw. -veränderungen im gesamten Prozess erlangt werden können, wird das Problem der Integration relativ gut gelöst, da BPM im Mittelpunkt steht.

21

5 Ausblick auf Möglichkeiten BPML und die damit vorhandene Evolution in der Informatik

Um eine Evolution zu beschreiben ist es notwendig ein wenig Geschichte zu betreiben. Als vor ca. 20 oder 30 Jahren als die ersten Systeme entworfen wurden, ging es darum langwierige Berechnungen zu beschleunigen. Es wurden also Verfahren und Algorithmen beschrieben und in Programmablaufpläne (PAP) grafisch abgebildet. Diese Ablaufpläne dienten dazu, der technischen Entwicklung eine Anforderung zu übermitteln. Neben diesen Abläufen wurden noch umfangreiche fachliche Spezifikationen erstellt und erst danach konnte mit der eigentlichen Kodierung begonnen werden. Diese Schritte wurden mit zunehmender Rechnerkapazität und dem Einzug des PCs immer mehr elektronisch unterstützt. Es entstandenen Programme zur grafischen Bearbeitung der oben genannten PAPs. Schließlich mündete dieser Prozess in der Entwicklung von CASE Werkzeugen, die in der Lage sein sollten, die fachlichen Anforderungen direkt in eine technische Ausprägung, also Computer verständlichen Code, münden zu lassen. Neben dieser funktionalen Betrachtung entwickelte sich auch eine gemeinsame Notation zur Beschreibung der zu verwendeten Daten und die Art wie diese Daten, möglichst redundanzfrei abgelegt werden konnten. Aus diesen relationalen Datenmodellen entwickelte sich eine gemeinsame Übersetzung für eine technische Umsetzung und wurde zu dem Standard SQL für die Beschreibung von Datenstrukturen. SQL bietet eine Möglichkeit mit einer syntaktischen und semantischen Struktur unabhängig von der darunter liegenden binären Anwendung (der Datenbank) Strukturen zu beschreiben und zu implementieren.

Diese Entwicklungen beziehen sich allerdings auf einen Rechner und vernachlässigen die Kommunikation von unterschiedlichen Anwendungen.

Mit dem Einzug von Netzen in die Informatik wurde es notwendig auch die Kommunikation zu vereinheitlichen. Nach Ausflügen einiger Hersteller in eigene Lösungen (NETBEUI von IBM und MS, SPX/IPX von Novell, etc.) setzte sich das TCP/IP als Standard durch. Auch dieser Prozess hat ca. 20 Jahre gedauert. Doch die Informatik erkannte, dass die rein technische Standardisierung alleine nicht ausreichend war. Erst durch die Protokolle HTTP und XML konnte das Ziel einer plattform- und dienstübergreifenden Kommunikation erreicht werden.

Somit waren schon drei der wesentlichen Elemente einer Computerunterstützung soweit genormt, dass eine Integration technologisch erfolgen konnte. Die Daten, die Funktionen und die Kommunikation zwischen Daten und Funktionen, auch die Kommunikation zwischen den Funktionen hatten einen gemeinsamen Nenner.

Doch auch diese Entwicklung reichte noch nicht aus, Anwender den Zugang zu der Technik zu ermöglichen. Die Regeln und Sprachkonstrukte dieser Verfahren sind immer noch zu technisch und zu abstrakt um von "normalen" Menschen verstanden zu werden. Alle Standards folgten einer sehr nüchternen Grammatik und waren sehr wenig umgangssprachlich. Die Zielgruppe der Standardisierungen ist und waren die technischen Kollegen in der Umsetzung. Die eigentlichen Anwender der zu entwerfenden Systeme blieben weiter außen vor. Eine Anforde-

rung an ein System bzw. ein Veränderung in den logischen Abläufen, entweder innerhalb eines Systems oder auch zwischen Systemen, Anwendern und ggf. auch Firmen wurde immer noch von Medienbrüchen und damit Fehlerquellen gekennzeichnet. Da ein Bild doch aussagekräftiger ist, haben sich Kollegen zusammengesetzt und versucht eine neue Sprache zu entwickeln, die auch das Potential hat, grafisch dargestellt zu werden, ohne den Bezug zur Technik zu verlieren. – Dies ist nach der Auffassung der Autorin BPML.

BPML ist ein XML Dialekt, der es ermöglicht, Abläufe unabhängig von darunter liegender Technik eine grafische Aufbereitung zu ermöglichen, die auch von "Nicht-Technologen" verstanden werden kann. Das erklärt auch den Erfolg von grafischen Werkzeugen, die sich mit Flowcharts befassen. Auch hier wird grafisch präsentiert, was eigentlich in einem Programm oder System für die Unternehmensplanung und Steuerung abgearbeitet wird. Mit dem unabhängigen Standard BPML verlässt die grafische Aufbereitung der Prozesse nun aber die Herstellerbindung und emanzipiert sich. Zusätzlich wird dieser Trend unterstützt durch JAVA und vor allem J2EE, die ihrerseits eine technische Implementierung von der jeweiligen Plattform trennt oder emanzipiert.

BPML hat das Potenzial, ein unabhängiger Standard ähnlich dem HTTP, SQL, JAVA oder TCP/IP zu werden. Ähnliche Dialekte wie BPEL sind noch zu sehr herstellerorientiert, um dieses Potenzial in sich zu haben.

Literaturverzeichnis

Aalst, Wil van der; Desel, Jörg; u.a. (2000): Business Process Management: Models, Techniques and Empirial Studies., 1.Aufl., Berlin (Springer Verlag).

Aalst, Wil van der; Hofstede, Arthur ter; u.a. (2003): Business Process Management: International Conference, BPM 2003 Eindhoven., 1.Aufl., Berlin (Springer Verlag).

Bergmann, Michaela (2002): Praxissemesterbericht Nr.2: Auftragsstatusanfrage und Preis-/Verfügbarkeitsanfrage im SHK Portal, S. 5

BPMI.org (08/2002): BPML / BPEL4WS: A Convergence Path toward Standard BPM Stack.
http://www.bpmi.org
(abgerufen am 05.03.2004).

Götz, Achim; Liddle Jim (06/2003): "Process Driven Architecture" und "Business Process Management".
http://www.versata-deutschland.de-pdf-Veroeffentlichungen-BPM_OS.pdf
(abgerufen am 17.02.2004).

Kosiol, E. (1976): Organisation der Unternehmung, 2.Aufl., Wiesbaden (Gabler Verlag)

Net-market.de: Homepage über BPML: www.bpml.de/index.htm

Pfohl, H.-C.; Krings, M.; u.a. (1996): Techniken der prozessorientierten Organisationsgestaltung, Berlin (o.A.)

Smith, Howard; Fingar, Peter (2003): Business Process Management: The Third Wave., 1.Aufl., Tampa (Meghan-Kiffer Press).

Smith, Howard; Fingar, Peter (2003): It Doesn't Matter--Business Processes Do: A Critical Analysis of Nicholas Carr's I.T. Article in the Harvard Business Review, 1.Aufl., Tampa (Meghan-Kiffer Press).

Smith, Howard; Neal, Douglas, u.a. (Januar 2002): The Emergence of Business Process Management, A Report by CSC'S Research Services, Version 1, S.7. (zur Verfügung gestellt von Ingo Russmann; Geschäftsführer net-market. Kontakt: ingo@net-market.de)

Vahs, Dietmar (2001): Organisation: Einführung in die Organisationstheorie und –praxis, 3.Aufl., Stuttgart (Schäffer – Poeschel Verlag).

www.ingramcontent.com/pod-product-compliance
Lightning Source LLC
LaVergne TN
LVHW082348060326
832902LV00017B/2722